DÉLIRONS
AVEC Léon !

DES TRUCS VRAIMENT EMBALLANTS

NUMÉRO 3

PAR
ANNIE GROOVIE

Merci à Étienne,
le magicien.

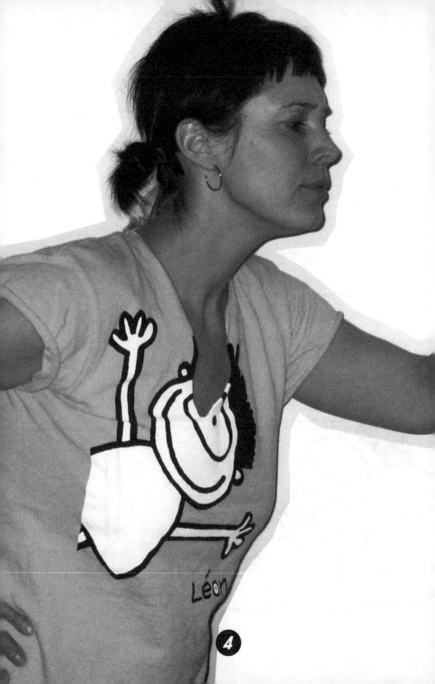

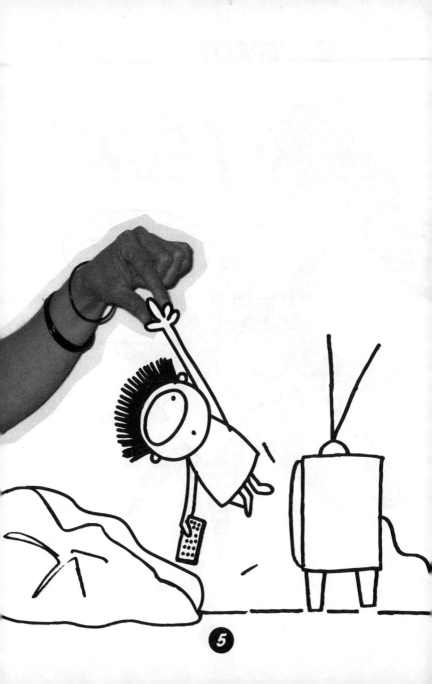

LE CHAT

Regarde, une drôle d'intruse...

LOLA

Oui, c'est Gertrude...

Voici **GERTRUDE**. Pour connaître son opinion, suivez-là un peu partout dans ce livre...

BIENVENUE DANS L'UNIVERS DÉLIRANT DE LÉON

Chanceux ! Vous venez de mettre la main sur le troisième livre d'une série complètement *délirante* ! Vous aimez jouer, rire, vous **divertir**, fouiller, chercher, charmer, et j'en passe ? Eh bien, vous avez choisi le bon bouquin.

Les plus **CURIEUX** d'entre vous pourront découvrir un code secret qui leur donnera accès à un jeu sur le site Internet ***www.cyberleon.ca***.

Et comme ce livre ne se lit pas nécessairement dans l'ordre, pour vous aider, nous avons mis de jolis petits TRAITS POINTILLÉS dans le coin supérieur de chaque page. Quel est le rapport, vous demandez-vous ? Eh bien, c'est pour **plier** la page où vous étiez rendus et vous aider à la retrouver. Très PRATIQUE !

Comme vous avez pu le remarquer, ce livre est souple et très **compact**. Vous pouvez donc le trimbaler partout avec vous, sauf au cinéma bien sûr, car il y fait trop noir pour lire.

Alors, ne perdez plus de temps, Léon vous attend ! Bon *délire* !

ATTENTION : CE LIVRE POURRAIT CRÉER UNE FORTE DÉPENDANCE, CE QUI N'EST PAS GRAVE EN SOI. CEPENDANT, POUR LE PLUS GRAND RESPECT DES AUTRES, ÉVITEZ DE LE LIRE EN CLASSE, PENDANT QUE VOTRE PROFESSEUR PARLE, OU À TABLE AU COURS D'UN SOUPER EN FAMILLE, PAR EXEMPLE...

Table des matières

Ouch!

LOURDE TÂCHE

C'EST L'INTENTION QUI COMPTE

PAUSE PUB

Les recettes « À l'œil », une présentation de la mayonnaise **KRAP**

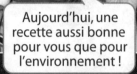

Aujourd'hui, une recette aussi bonne pour vous que pour l'environnement !

Prenez un grand bol propre...

... mettez-y des choux usagés...

... et, bien sûr, ajoutez une touche de mayonnaise **KRAP**.

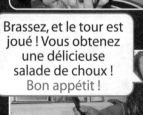

Brassez, et le tour est joué ! Vous obtenez une délicieuse salade de choux ! Bon appétit !

À QUOI SERVENT les insectes ?

À polliniser les fleurs. Grâce à eux, elles sont fécondées et deviennent des fruits qui produisent à leur tour des graines.

À fertiliser le sol. Les crottes des insectes et les débris qu'ils font tomber chaque année représentent des tonnes et des tonnes d'engrais qui contribuent à la bonne santé du sol.

À nettoyer. Beaucoup d'insectes mangent des cadavres ou des crottes et les font disparaître dans le sol. Ainsi, ils nettoient gratuitement les forêts et les prairies !

À tuer les autres insectes. Les meilleurs prédateurs des moustiques sont des insectes (libellules, guêpes, coccinelles, etc.). Grâce à eux, les petites bibittes qui nous embêtent ne sont pas trop nombreuses.

D'ailleurs, saviez-vous que les araignées ne sont pas à proprement parler des insectes, mais des arachnides ? Elles sont des prédatrices qui chassent pour se nourrir. Leurs proies sont de petites bêtes (des invertébrés), surtout des insectes. Ainsi, grâce à elles, les populations d'insectes diminuent et ne deviennent pas trop envahissantes. Donc, la prochaine fois que vous verrez une araignée, au lieu de la tuer, dites-vous que si elle survit, elle éliminera les insectes qui vivent dans votre maison !

Source : www.insectes.org

À QUOI SERVENT
les moustaches du chat ?

Les moustaches du chat sont très précieuses, tellement que, sans elles, il serait perdu.

Elles sont extrêmement sensibles et ont de multiples usages. La nuit, dans l'obscurité, elles agissent comme des antennes et lui évitent de se heurter à des obstacles. Elles l'aident également à juger de la vitesse et de la direction du vent avant d'effectuer un grand saut. Le chat les utilise aussi pour mesurer la largeur d'un passage afin de ne pas y rester coincé et pour localiser l'origine d'une odeur véhiculée par le vent, comme celles de la nourriture ou d'une femelle en chaleur. Il avance ses moustaches pour toucher la proie qu'il vient de tuer et s'assurer qu'elle est bien morte sans avoir à la lâcher. Il s'en sert également pour saluer d'autres chats ou pour exprimer ses émotions.

Source : chamania.free.fr

J'savais pas ça !

La réflexion de Léon...

Pourquoi met-on des gommes jaunes dans les machines alors que tout le monde préfère les rouges ?
25¢
MONNAIE EXACT(E) CHANGE
Candy Filled
Bubble Gum

Horocyclope

Lola tente de lire dans les étoiles
avec sa nouvelle boule de cristal...

Bélier

Du 21 mars au 20 avril ★ Signe de feu

Le Bélier est un impulsif passionné. Vous ne vous ennuierez jamais avec lui !

Taureau

Du 21 avril au 20 mai ★ Signe de terre

Le Taureau est très bon en musique ; d'ailleurs, son instrument préféré est la *cornemuse*.

Gémeaux

Du 21 mai au 21 juin ★ Signe d'air

Le Gémeaux est curieux et ingénieux. Attention, il rôde autour de vous pour essayer de vous enlever votre livre...

Cancer

Du 22 juin au 23 juillet ★ Signe d'eau

Le Cancer est un grand rêveur qui aime se relaxer et se laisser gâter. Eh bien, je ne savais pas que Léon était cancer !

Lion

Du 24 juillet au 23 août ★ Signe de feu

Le Lion est généreux. Il devrait dire oui
lorsqu'on lui demande gentiment un morceau
de son gâteau au chocolat !

Vierge

Du 24 août au 23 septembre ★ Signe de terre

La Vierge est ordonnée. Par conséquent,
sa chambre devrait l'être aussi... Est-ce possible ?

Balance

Du 24 septembre au 23 octobre ★ Signe d'air

La Balance, même si elle est détestée des personnes
obèses, n'aime pas les disputes. Pas facile d'être natif
de ce signe quand on a un grand frère haïssable !

Scorpion

Du 24 octobre au 22 novembre ★ Signe d'eau

Le Scorpion pique, mais ne vous inquiétez
pas, son poison n'est pas mortel.

Sagittaire

Du 23 novembre au 20 décembre ★ Signe de feu

Le Sagittaire est aventureux et explorateur.
Vous le rencontrerez sans doute durant votre
prochain voyage autour du monde.

Capricorne

Du 21 décembre au 20 janvier ★ Signe de terre

Le Capricorne est rusé et astucieux. Il vaut mieux
être son ami et le choisir dans son équipe !

Verseau

Du 21 janvier au 19 février ★ Signe d'air

Le Verseau est intuitif : il sent
les choses, et pas seulement la pizza !

Poissons

Du 20 février au 20 mars ★ Signe d'eau

Le Poissons est un signe d'eau (fiou !) et il est d'une
grande bonté. Il nage dans le parfait bonheur !

QUE SE DISENT LÉON ET LE CHAT ?

Pour déchiffrer le code, servez-vous d'un appareil téléphonique. Le premier chiffre correspond au numéro de la touche et le deuxième à celui de la lettre sur cette même touche.

7-4 = S   7-2 = Q

7-4, 2-1, 5-3, 8-2, 8-1
5-3, 3-2, 6-3, 6-2 !

7-2, 8-2' 3-2, 7-4, 8-1 - 2-3, 3-2
7-2, 8-2, 3-2   8-1, 8-2
3-3, 2-1, 4-3, 7-4 ?

Réponses à la page 84

30

3-2, 6-2 2-3, 3-2
6-1, 6-3, 6-1, 3-2, 6-2, 8-1,
5-1, 3-2 7-1, 2-1, 7-3, 5-3, 3-2
2-1, 8-2
8-1, 3-2, 5-3, 3-2, 7-1, 4-2, 6-3, 6-2, 3-2!

Énigmes visuelles

1.

_ _ _ _

_ _ _ _

2.

_ _ _ _

_ _ _ _ _

3.

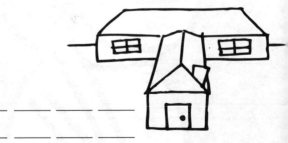

_ _ _ _ _ _

_ _ _ _ _ _

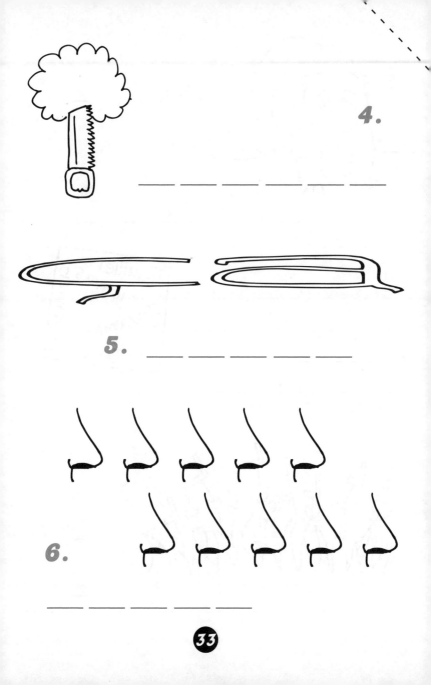

4. _ _ _ _ _ _

5. _ _ _ _ _

6. _ _ _ _ _ _

7.

— — — — — — — —

8.

12 juillet
16 mars
8 novembre
3 octobre
24 janvier

— — — — — —
— — — —

— — — — — —

9.

— — — — — — — —

LA MULTIPLICATION DES GUIMAUVES

MOMENT PRÉCIEUX

CONCURRENCE FÉROCE

QUESTION DE GOÛT !

PAUSE PUB

LE SPA *GHETTI*

Soins corporels pour pâtes molles

C'est en plein ce qu'il me faut !

QUE FAIRE
DE VOS 10 DOIGTS
À PART CHATTER
TOUTE LA JOURNÉE...

CONFECTIONNEZ VOS PROPRES
BALLES À JONGLER !

LE MATÉRIEL À PRÉPARER :

1. Des ballons (trois par balle) de 30 cm (12 po) minimum et de couleurs différentes

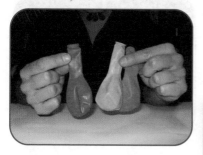

2. Une paire de ciseaux

3. Un entonnoir

4. Des graines de lin ou du riz

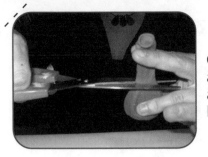

Coupez le premier ballon à l'aide des ciseaux à l'endroit indiqué sur la photo.

Vous obtenez ceci.

Introduisez l'entonnoir dans l'embouchure et versez-y les grains de riz ou de lin.

Puis, appuyez bien fort sur les grains, dans l'entonnoir, pour qu'un maximum d'entre eux pénètrent dans le ballon. Celui-ci doit être bien rempli et bien rond.

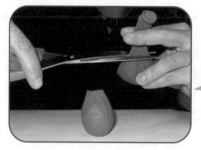

Laissez le premier ballon de côté et coupez-en un deuxième de la même façon.

Prenez l'embouchure entre vos doigts pour recouvrir le premier ballon.

* Attention, cette étape demande un peu de concentration.

Vous devriez obtenir ceci.

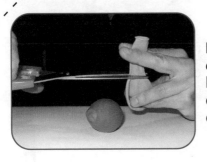

Laissez cette boule de côté et coupez un troisième ballon, de couleur différente de celle du deuxième.

Enveloppez-en la petite boule formée par les deux premiers ballons.

Très bien ! Vous êtes rendus ici. Ne lâchez pas, c'est presque terminé...

Votre boule est complétée. Il ne vous reste plus qu'à la décorer. Pour ce faire, étirez d'abord le ballon extérieur (attention à ne pas saisir celui qui se trouve en-dessous).

Puis, à l'aide des ciseaux, coupez d'un trait droit le bout du ballon que vous venez d'étirer. Faites deux ou trois autres incisions de la même façon et vous obtiendrez une super balle à jongler, à pois !

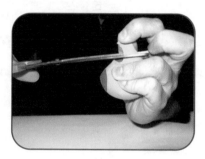

TADAM !

Il ne vous reste plus qu'à confectionner deux autres balles de couleurs différentes, et vous pourrez commencer l'entraînement !

Bonne chance !

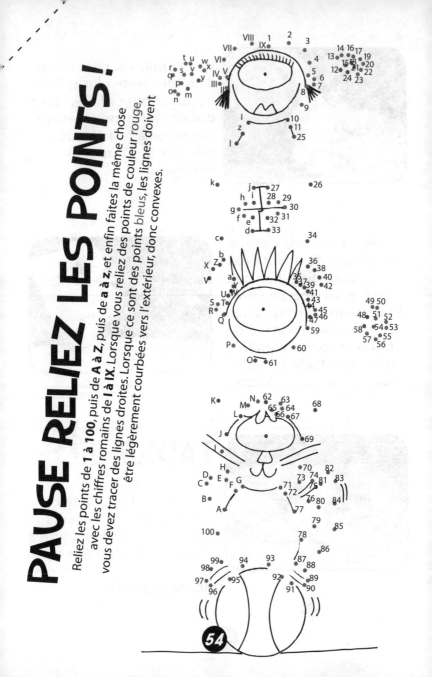

PAUSE RELIEZ LES POINTS!

Reliez les points de **1 à 100**, puis de **A à Z**, puis de **a à z**, et enfin faites la même chose avec les chiffres romains de **I à IX**. Lorsque vous reliez des lignes droites. Lorsque vous reliez ce sont des points de couleur rouge, vous devez tracer des lignes droites. Lorsque ce sont des points bleus, les lignes doivent être légèrement courbées vers l'extérieur, donc convexes.

TEST : CONNAISSEZ-VOUS BIEN LES PEUPLES ET LEUR CULTURE ?

1. D'où viennent les sushis ?

A. De la Hollande

B. Du Japon

C. De l'Italie

D. De la Grèce

2. Certaines femmes arborent un point rouge sur le front. À quelle communauté appartiennent-elles ?

A. Africaine

B. Marocaine

C. Chinoise

D. Hindoue

3. Qui sont les gens qui, traditionnellement, habitaient dans des igloos ?

A. Les Inuits

B. Les Cubains

C. Les Islandais

D. Les Néo-Zélandais

4. De quelle culture proviennent les bandes dessinées de type manga ?

A. De l'Allemagne

B. Du Danemark

C. De l'Angleterre

D. Du Japon

5. Quel est le pays dont les habitants sont reconnus pour jouer de la cornemuse ?

A. La France

B. L'Espagne

C. L'Écosse

D. Le Brésil

6. Le hockey est le sport national d'un de ces pays. Lequel ?

A. Le Népal

B. L'Argentine

C. Le Canada

D. Le Maroc

7. D'où vient la vodka ?

A. De la Russie

B. Du pôle Nord

C. De la Norvège

D. De la Mongolie

8. Dans quel pays les sabots de bois font-ils partie du costume traditionnel ?

A. Le Mali
B. La Hollande
C. Le Mexique
D. Le Portugal

9. Quel pays est réputé pour sa fondue au fromage ?

A. La Suisse
B. Le Canada
C. La Belgique
D. L'Argentine

10. Selon la tradition, à quel endroit vous offre-t-on un joli collier de fleurs dès votre arrivée ?

A. Au Québec
B. En Chine
C. À Hawaï
D. Au Portugal

11. D'où vient le jeu de boules appelé pétanque ?

A. Du Congo
B. De l'Italie
C. De la Belgique
D. De la France

12. Dans lequel de ces pays le volant des voitures est-il placé du côté droit des véhicules ?

A. En Angleterre
B. Aux États-Unis
C. Au Japon
D. En Égypte

13. Où retrouve-t-on des kangourous ?

A. Au Chili
B. En Afrique
C. En Colombie
D. En Australie

14. Quel pays est reconnu pour la qualité de ses frites ?

A. L'Allemagne
B. La Belgique
C. L'Espagne
D. La Roumanie

15. Dans lequel de ces pays le portugais est-il la langue officielle ?

A. Le Brésil
B. La Nouvelle-Zélande
C. Le Pérou
D. La Turquie

RÉSULTATS DU TEST

Entre 12 et 15 bonnes réponses :
Bravo ! Votre ouverture au monde vous fera
découvrir un millier d'autres trésors.

Entre 9 et 12 bonnes réponses :
Vous avez une très bonne connaissance
des autres peuples !

Entre 6 et 9 bonnes réponses :
C'est bien, vous possédez une certaine connaissance
du monde qui vous entoure. N'hésitez pas à l'explorer
davantage !

Entre 0 et 6 bonnes réponses :
Ça va, vous ne pouvez pas tout connaître. Un jour,
vous ferez peut-être de beaux voyages qui vous
permettront de découvrir toutes sortes de trucs
intéressants. Ne vous en faites pas, vous avez tout
votre temps !

Le Métier Super Cool

Magicien

Étienne Vendette

Extrêmement curieux de nature, Étienne commence très tôt à s'intéresser à la magie. Il regarde régulièrement l'Oncle Tom* à la télévision et est complètement fasciné par cet homme et ses trucs fort impressionnants. Étant un jeune garçon plutôt timide, il se sert ensuite de la magie pour combattre sa gêne en montrant quelques tours à ses amis. Il est aujourd'hui un magicien reconnu et a voyagé un peu partout dans le monde.

• COMMENT EST-IL DEVENU MAGICIEN ?

À 13 ans, Étienne s'achète lui-même son tout premier livre de trucs, qu'il ne paie que 50 ¢, au marché aux puces. Puis, il se met à s'exercer sérieusement pour réussir différents petits tours. C'est alors qu'il devient mordu de magie. Il sait qu'il a trouvé sa vocation : il sera un grand magicien !

• QUELLE A ÉTÉ SA PREMIÈRE VRAIE PRESTATION DEVANT PUBLIC ?

Étienne donne son premier véritable spectacle à l'âge de 14 ans. Il est en troisième secondaire et il se produit devant tous les élèves de son école. Le spectacle obtient un franc succès et permet à Étienne de gagner plus de confiance en lui. Sa carrière est lancée !

* Tom Auburn, célèbre magicien canadien.

• QU'EST-CE QU'IL TROUVE LE PLUS COOL DANS SON MÉTIER ?

Ce qui est vraiment bien pour un magicien, c'est qu'à chaque spectacle, il crée tellement d'émerveillement qu'il reçoit une tonne d'amour, d'admiration et d'applaudissements de son public. Ce métier est donc très gratifiant. Puis, comme Étienne doit voyager régulièrement pour se produire un peu partout dans le monde, il a la chance de découvrir des endroits qu'il n'aurait peut-être jamais visités autrement. Il rencontre d'autres magiciens avec qui il peut échanger et nouer des liens amicaux. Finalement, ce métier est loin d'être ennuyant, étant donné que ceux qui le pratiquent sont toujours entouré de gens heureux !

• CE QU'IL TROUVE MOINS COOL ?

Ce qu'il aime le moins et qu'il trouve le plus difficile, c'est de devoir « se vendre » pour obtenir des contrats. Il lui faut en effet trouver divers moyens pour se faire connaître le plus possible s'il veut qu'on l'engage.

Beau p'tit jeune homme...

• QUELLES SONT LES QUALITÉS NÉCESSAIRES POUR ÊTRE UN BON MAGICIEN ?

Il faut être quelqu'un de patient et de persévérant, car on doit s'exercer beaucoup pour réussir parfaitement un tour ! De plus, savoir garder un secret est essentiel : un bon magicien ne révèle jamais ses trucs ! Évidemment, être habile de ses mains est important, de même que posséder un petit côté acteur afin de se produire sur une scène. Quand on est magicien, la performance est aussi importante que les trucs eux-mêmes.

• QUELS SONT SES TOURS PRÉFÉRÉS ?

Tous les tours de manipulation qui demandent un jeu de mains rapide afin de créer une illusion parfaite (voir photos ci-dessous).

• COMMENT DEVIENT-ON MAGICIEN ?

Il existe des cours privés de magie, mais pas réellement d'école. En général, les magiciens sont des autodidactes, c'est-à-dire qu'ils apprennent par eux-mêmes en lisant des livres, en regardant des vidéos, en rencontrant d'autres magiciens et en allant voir des spectacles. En fait, il n'y a pas de recette miracle : il faut s'exercer, s'exercer et s'exercer encore pour tout bien maîtriser. Vous développerez ainsi votre propre style et vous démarquerez davantage.

De plus, vous pouvez commencer très tôt à offrir gratuitement de petites prestations ici et là, à organiser des spectacles à votre école, à vous exercer dans les partys de famille ou devant vos amis, à participer à des concours, etc. C'est ainsi que vous vous ferez connaître et que vous acquerrez plus rapidement l'expérience nécessaire pour vous rendre loin.

• *LE TOUR LE PLUS IMPRESSIONNANT QU'IL A FAIT ?*

Faire flotter une fille dans les airs, masquée d'un drap, puis la faire disparaître après avoir prononcé une formule magique. Eh oui, quand il a retiré le drap, la jeune fille n'était plus là ! Incroyable mais vrai !

• *EST-CE FACILE DE GAGNER SA VIE EN TANT QUE MAGICIEN ?*

Comme le marché est assez petit (il n'y aurait qu'une dizaine de magiciens qui arrivent à vivre de leur métier au Québec), il existe une grande compétition dans ce domaine. Alors, il faut être vraiment bon pour arriver à se distinguer. Sinon, il reste le « circuit amateur », qui offre toujours beaucoup de place !

• *PRIX ET RÉALISATIONS :*

> *Gagnant de la finale du très populaire concours CÉGEPS EN SPECTACLE, en 1990 (ex-æquo avec l'humoriste Laurent Paquin !)*

Lors de cette même soirée de remise de prix, Étienne s'est fait recruter par le Festival Juste pour rire, où il a travaillé cette année-là.

> *Il a reçu le trophée Magic Tom Auburn Award.*

> *Il a donné des spectacles en Corée du Sud, au Japon, en Espagne, en France et au Canada.*

> *Il présente beaucoup de spectacles « corporatifs », c'est-à-dire qui sont offerts au cours de partys privés de grandes compagnies.*

Pour plus d'information, rendez-vous sur son site Internet au

www.vendette.com

TERRAIN DE JEUX

VOUS TROUVEREZ LES SOLUTIONS À LA PAGE 84.

GERTRUDE S'EST FAIT VOLER SON SAC À MAIN. SAUREZ-VOUS RATTRAPER LE COUPABLE À L'AIDE DE CES TÉMOIGNAGES ?

On m'a volé mon sac !

Il portait des lunettes rondes...

...et un chapeau melon !

Il avait une moustache...

...un foulard à pois...

...et des cheveux !

LÉON VIT TOUTES SORTES D'ÉMOTIONS.
ASSOCIEZ CHAQUE VISAGE À L'ÉMOTION CORRESPONDANTE.

1. HEUREUX
2. FÂCHÉ
3. MALADE
4. MAL À L'AISE
5. DÉÇU
6. GOURMAND
7. ENDORMI
8. APEURÉ
9. TRISTE
10. SURPRIS

 **A.** _____

 **B.** _____

 **C.** _____

 **D.** _____

 **E.** _____

 **F.** _____

 **G.** _____

 **H.** _____

 **I.** _____

J. _____

L␣ MOT SECR␣T

CHAQUE LETTRE DE LA COLONNE DE GAUCHE EST RELIÉE PAR UN POINT À UN CHIFFRE TOUT EN HAUT. CE CHIFFRE CORRESPOND À UNE LETTRE DE L'ALPHABET (EX. : 1 = A, B = 2, ETC.). TROUVEZ TOUS LES GROUPES DE DEUX (IL Y EN A 12). METTEZ-LES ENSUITE BOUT À BOUT ; CELA FORMERA UN SEUL GRAND MOT.

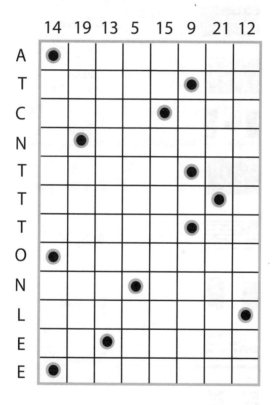

	14	19	13	5	15	9	21	12
A	●							
T						●		
C					●			
N		●						
T						●		
T							●	
T						●		
O	●							
N				●				
L								●
E			●					
E	●							

__ __ __ __ __ __ __ __

__ __ __ __ __ __ __ T__

CONNAISSEZ-VOUS LES DRAPEAUX ?

Associez chaque drapeau au pays dont il est l'emblème.

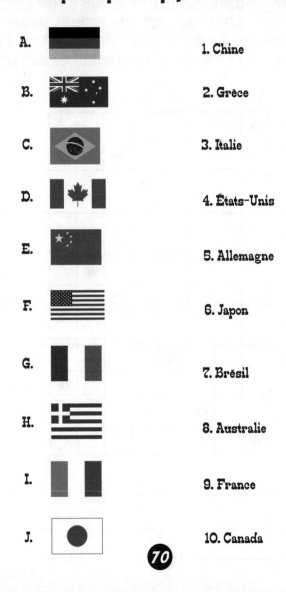

A.

B.

C.

D.

E.

F.

G.

H.

I.

J.

1. Chine

2. Grèce

3. Italie

4. États-Unis

5. Allemagne

6. Japon

7. Brésil

8. Australie

9. France

10. Canada

AYEZ L'AIR INTELLIGENTS

en citant un auteur célèbre !

Il y a tant de citations célèbres
et intelligentes... Pourquoi ne pas
en retenir quelques-unes ? Cela se place
très bien dans une conversation...

Être ou ne pas être, là est la question.

Oh ! Comme il est intelligent !

« Le lit est l'endroit le plus dangereux du monde :
99 % des gens y meurent. »

Mark Twain
[Auteur des Aventures de Tom Sawyer]

« Le verbe aimer est difficile à conjuguer : son passé n'est
pas simple, son présent n'est qu'indicatif, et son futur est
toujours conditionnel. »

Jean Cocteau
[Auteur des Enfants terribles]

« À l'école, en algèbre, j'étais du genre Einstein, mais plutôt
Franck qu'Albert. »

Philippe Geluck
[Auteur du Chat]

« Il m'est arrivé de prêter l'oreille à un sourd, il n'entendait
pas mieux. »

Raymond Devos
[Humoriste français]

« Fais de ta vie un rêve, et d'un rêve, une réalité. »

Antoine de Saint-Exupéry
[Auteur du Petit prince]

« Le progrès : trop robot pour être vrai. »

Jacques Prévert
[Auteur, poète et scénariste de plusieurs films,
dont Les visiteurs du soir]

« Le tennis et le ping-pong, c'est pareil, sauf qu'au tennis
les joueurs sont debout sur la table. »

Coluche
[Humoriste français]

CODE SECRET

DÉCOUVREZ LE CODE SECRET ET VOUS POURREZ ACCÉDER AU JEU 3 SUR WWW.CYBERLEON.CA.

Pour découvrir le CODE SECRET, vous devez trouver toutes les bonnes réponses en faisant le test suivant.

À la fin, vous obtiendrez une série de lettres qui constituera le CODE SECRET !

Si ça ne fonctionne pas, malheureusement, vous devrez revoir attentivement chaque question et trouver par vous-mêmes où vous auriez pu faire une erreur.

TROUVEZ LES SUITES LOGIQUES...

1.

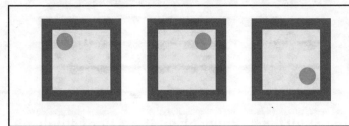

A.   **B.**   **C.**

2.

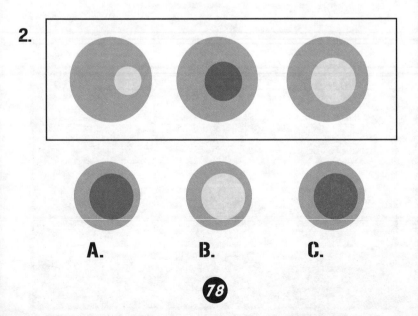

A.   **B.**   **C.**

3.

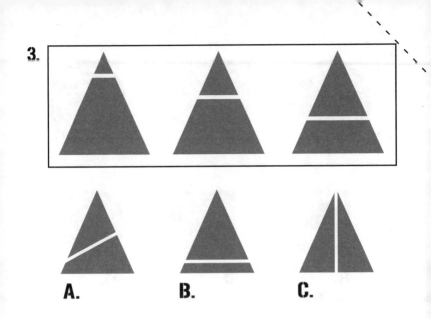

A.   **B.**   **C.**

4.

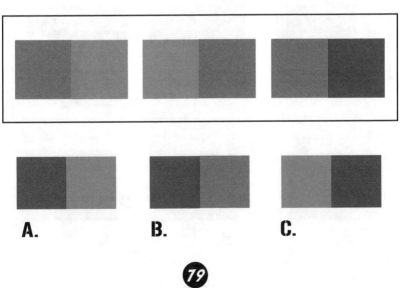

A.   **B.**   **C.**

5.

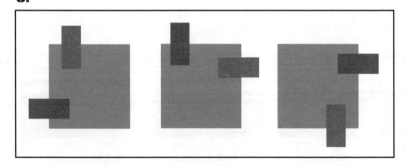

A. **B.** **C.**

6.

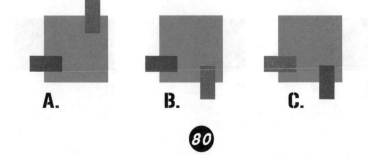

A. **B.** **C.**

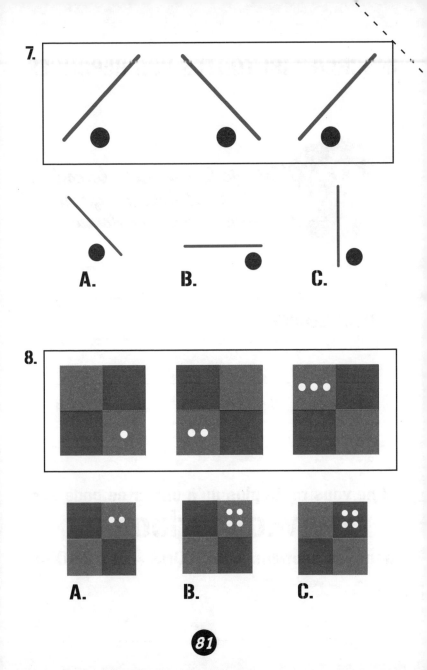

7.

A. B. C.

8.

A. B. C.

81

INSCRIVEZ ICI TOUTES VOS RÉPONSES.

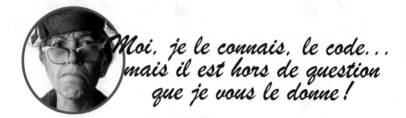

Moi, je le connais, le code… mais il est hors de question que je vous le donne !

CODE SECRET :

___ ___ ___ ___ ___ ___ ___ ___
1. 2   3   4   5   6   7   8

Il ne vous reste plus qu'à entrer ce code sur

www.cyberleon.ca

dans les sections « BONBONS » et « JEUX ».

ANNIE GROOVIE
À VOTRE ÉCOLE

EH OUI, ANNIE GROOVIE FAIT DES TOURNÉES DANS LES ÉCOLES !
VOUS TROUVEREZ TOUTE L'INFORMATION SUR LE SITE INTERNET
WWW.CYBERLEON.CA.

À BIENTÔT PEUT-ÊTRE !

SOLUTIONS

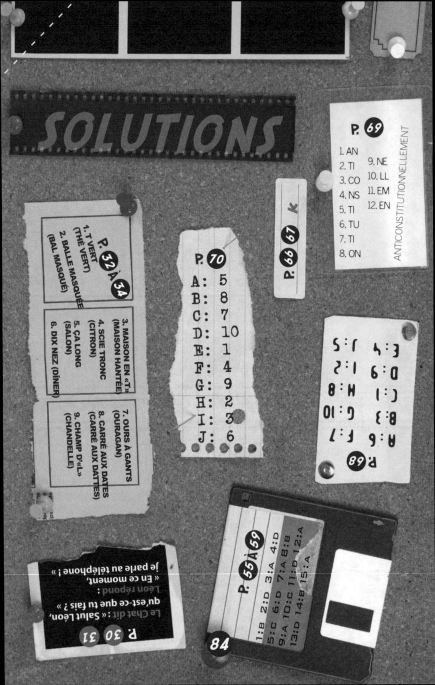

P. 69

1. AN
2. TI
3. CO
4. NS
5. TI
6. TU
7. TI
8. ON
9. NE
10. LL
11. EM
12. EN

ANTICONSTITUTIONNELLEMENT

P. 66 67 K

P. 32 À 34

1. T VERT
(THÉ VERT)
2. BALLE MASQUÉE
(BAL MASQUÉ)
3. MAISON EN « T »
(MAISON HANTÉE)
4. SCIE TRONC
(CITRON)
5. ÇA LONG
(SALON)
6. DIX NEZ (DÎNER)
7. OURS À GANTS
(OURAGAN)
8. CARRÉ AUX DATES
(CARRÉ AUX DATTES)
9. CHAMP D'« L »
(CHANDELLE)

P. 70

A: 5
B: 8
C: 7
D: 10
E: 1
F: 4
G: 9
H: 2
I: 3
J: 6

P. 68

A: 6   F: 7
B: 3   G: 10
C: 1   H: 8
D: 9   I: 2
E: 3   J: 5

P. 55 À 59

1: B   2: D   3: A   4: D
5: C   6: D   7: A   8: B
9: A   10: C   11: D   12: A
13: D   14: B   15: A

P. 30 31

Le Chat dit : « Salut Léon,
qu'est-ce que tu fais ? »
Léon répond :
« En ce moment,
je parle au téléphone ! »

84

Photo : Dominique Malaterre

Annie Groovie voit le jour le 11 avril 1970, à 19 h 15, en plein souper de cabane à sucre. Elle grandit heureuse et comblée à Québec. Très tôt, elle développe un goût profond pour la création (et pour les sucreries...). Dès l'âge de huit ans, elle remporte son premier concours de dessin, grâce à son originalité.

Annie est diplômée en arts plastiques et bachelière en communications graphiques. Elle exerce le métier de conceptrice publicitaire depuis plusieurs années à Montréal, où elle habite depuis 1994 (eh oui, elle vieillit...).

Annie est une grande adepte de la gymnastique ainsi qu'une mordue de cirque et d'acrobaties de toutes sortes. En 1997, elle est sélectionnée par le Cirque du monde et part trois mois au Chili pour enseigner les arts du cirque aux enfants de la rue.

En 2003, Annie Groovie se découvre une toute nouvelle passion : la création de livres pour enfants. Aujourd'hui, les albums consacrés à son personnage de Léon « roulent » à merveille. Elle a un projet de dessins animés en production, et vous tenez présentement le troisième numéro d'une série de livres tout à fait délirants !

LÉON A MAINTENANT

RIGOLONS AVEC LÉON !

Léon et les expressions

Léon et les superstitions

Léon et les bonnes manières

Léon et l'environnement

DEUX COLLECTIONS !

DÉLIRONS AVEC LÉON !

DEMANDEZ-LES À VOTRE LIBRAIRE !

Les éditions de la courte échelle inc.
5243, boul. Saint-Laurent
Montréal (Québec) H2T 1S4
www.courteechelle.com

Révision :
André Lambert et Valérie Quintal

Muse : Franck Blaess

Dépôt légal, 2e trimestre 2007
Bibliothèque nationale du Québec

Copyright © 2007 Les éditions de la courte échelle inc.

La courte échelle reconnaît l'aide financière du gouvernement du Canada par l'entremise du
Programme d'aide au développement de l'industrie de l'édition pour ses activités d'édition.
La courte échelle est aussi inscrite au programme de subvention globale du Conseil des Arts
du Canada et reçoit l'appui du gouvernement du Québec par l'intermédiaire de la SODEC.

La courte échelle bénéficie également du Programme de crédit d'impôt pour l'édition
de livres — Gestion SODEC — du gouvernement du Québec.

Catalogage avant publication de Bibliothèque et Archives Canada

Groovie, Annie

    Délirons avec Léon !

    Pour enfants de 8 ans et plus.

    ISBN 978-2-89021-916-8

    I. Titre.

PS8613.R66D44 2007   jC843'.6   C2006-942113-7
PS9613.R66D44 2007

Imprimé en Malaisie